农耕寻宝

大别山农耕文化博物馆

胡绍宗
孙　军
陈　方　著

長江出版傳媒　湖北美術出版社

信阳
河
大别山农耕
湖
北
武汉
长

南
六安
文化博物馆
安
徽
江

作者简介

胡绍宗，黄冈师范学院美术学院原院长，教授，博士后，博士生导师。

孙军，黄冈师范学院副教授，硕士生导师，大别山农耕文化博物馆馆长。

陈方，黄冈师范学院美术学院院长助理，教授，硕士生导师。

前言

大别山地处华中腹地，自西北至东南绵延数百公里，是我国中东部地理与生态的重要分界线。这里山岭纵横，山间谷地、河漫滩头、阶地平原次第展开。大别山的南部，滠水、倒水、举水、巴水、浠水逶迤入江，山的北部潢河、灌河、史河、淠河蜿蜒入淮。

大别山地区包括湖北省的黄冈市、孝感市、随州市，安徽省的六安市、安庆市以及河南省的信阳市等地的三十多个县市。三省以大别山江淮分水岭为界，相倚而立，自古就成为一个相对独立的文化地理单元。这里民风敦厚，素有耕读传家和崇文重教的社会风尚，深厚而鲜明的地域文化传承焕发出熠熠的人文之光，也为我们留下了丰富多彩的物质文化。

大别山农耕文化博物馆是黄冈师范学院省级重点学科建设中的一个重要成果，是美术学院团队申报的中央财政支持地方高校建设项目——“大别山民俗文化研究与传习中心”的一部分。自研究与传习中心获批以来，我们紧紧围绕人才培养、科学研究、文化传承、社会服务的宗旨，将博物馆作为区域民俗文化传承与研究的基地，面向社会开展传统文化、乡土知识和爱国主义的教育活动，长期展示本区域社会历代生产生活习俗以及民间艺术等方面的物质文化遗产。

博物馆分为建筑、生产、生活、信仰、游艺、服饰等六个单元，以典型的农耕生产生活器具和民俗情境为载体，展示大别山地区先民的生活状态与生存智慧，再现被时光遮蔽的乡土文化魅力，藉此心追区域社会历史的纹理，留住刻骨的乡愁，寻找现代都市人的精神家园。

博物馆建筑展区

山地营构

目 录

山地营构——建筑……001

质素厚朴——生活……041

冠戴呈祥——服饰……131

渔樵耕读——生产……159

相濡以趣——游艺……189

祈敬趋吉——信仰……235

结语：整合的学科平台
——大别山农耕文化博物馆的建设……289

山地营构——建筑

大别山地区传统村落是典型的农耕人口聚落。人们的生产劳作与日常的生活起居依附于山、水、林、地等自然资源，生态环境与资源条件对于他们的生存发展至关重要。这里的民居一般选择在靠山近水、地势高挺的向阳坡面营建。移民与民族迁徙是本地区民居风格的历史背景。楚文化、吴文化、中原文化在此交融，醇厚的历史积淀创造了绚丽的地域民居风格，在特有的地理与气候孕育下，成就了横跨鄂、豫、皖三省的大别山亚类型山地民居风格。

大别山区村落的古民居建筑存世量较多，每个县市都有代表性的建筑物遗存。特别是大别山腹地，被保存下来的民居品种齐全。这些建筑技艺精湛，形式丰富。它们包括民居、祠堂、寺庙、古塔、书院、商贸街巷、园林台榭、牌坊，还有一些公共设施，如廊桥、古道和农耕生产建筑等。它们是灿烂的民族民间文化的代表，是传统农耕文化的重要组成部分，具有很高的历史、艺术、科学和经济价值。

大别山传统建筑是劳动人民智慧的结晶，汇集了本地区民间传统工艺、装饰艺术的精华，是人们在长期历史实践中创造的宝贵财富，成为对大别山农耕文化艺术生命力的独特诠释。

大别山区以山地丘陵为主，村落民居多建在自然资源条件较好的山坳、盆地、河滩台地等处，整体呈散点式分布，平原地区的生产生活建筑多以商贸街巷的形式出现，呈条状分布。本地区民居庭院多以二合院、三合院或四合院形式出现，院落与天井较为狭长，不似北方院落方正。一般台基较高，地池较深，适应多雨气候。“上有天井，下有地池”的四水归堂形式还包含着传统的“肥水不流外人田”的聚财寓意。

民居檐口极重装饰，一般屋顶与墙体衔接处巧妙运用砖雕、石雕和木雕进行装饰。砖雕仿斗拱形式的檐口装饰风格是大别山地区传统民居的重要特征。在砖檐装饰中，以多层瓦片拼接成蝙蝠纹。檐墙部位多用石灰刷白，黑白分明，纹样清晰。屋脊线花顶砖多以透空雕龙纹和植物花卉纹装饰。

木雕建筑构件——月梁　龙凤、瑞兽图案

木雕建筑构件——月梁　双凤、寿字纹图案

大别山地区民居建筑整体上多采用木雕装饰，外围环境装饰较为粗犷，内部细节较为细腻。木雕装饰手法丰富，隔窗、天窗、额枋、撑拱、楼檐、裙板等位置以花鸟鱼虫、人物故事的题材加以装饰，或刻或雕，文字图案相得益彰，展现了大别山区的地域特征。

木雕建筑构件——月梁 八仙人物及祥瑞图案

木雕戏曲人物　床围子　《西厢记》戏曲故事

木雕围板　八仙人物

木雕构件——木雕盘龙（龙首毁损），宗族祠堂家神牌匾的额饰。

木雕建筑构件——民间厅堂隔扇　龙纹

木雕建筑构件　民间厅堂隔扇　渔樵耕读图案

木雕狮子建筑饰件

木雕狮子建筑饰件

木雕狮子建筑构件

木雕狮子建筑构件

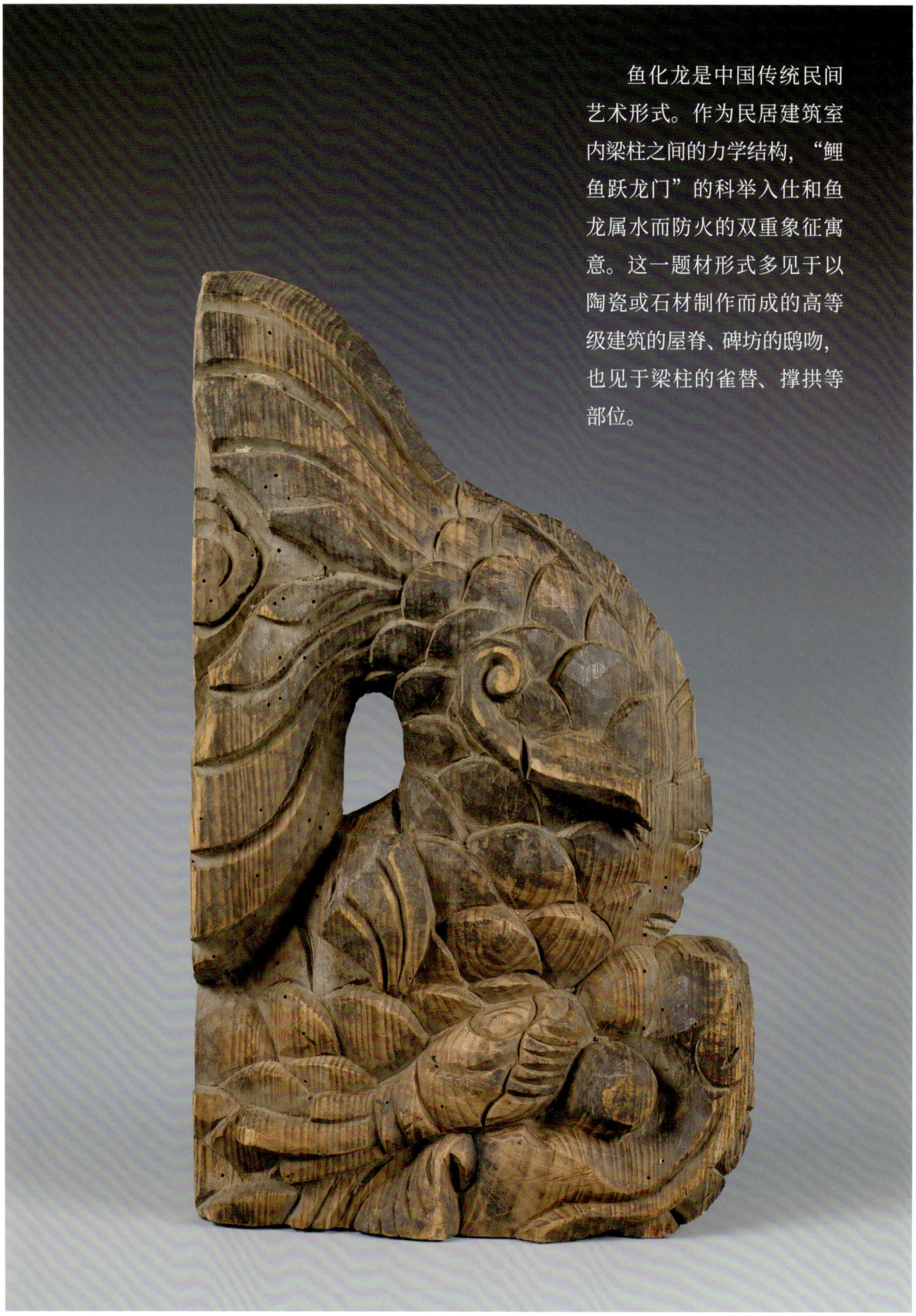

鱼化龙是中国传统民间艺术形式。作为民居建筑室内梁柱之间的力学结构，“鲤鱼跃龙门”的科举入仕和鱼龙属水而防火的双重象征寓意。这一题材形式多见于以陶瓷或石材制作而成的高等级建筑的屋脊、碑坊的鸱吻，也见于梁柱的雀替、撑拱等部位。

木雕建筑构件　民间厅堂雀替　鱼化龙

木雕建筑构件　民间厅堂雀替　鱼化龙

砂砾岩石雕雄狮子　基座雕饰云纹

多立于祠堂、庙宇、宫观、牌楼等礼仪性建筑之前。

石雕建筑构件——牌坊鸱吻

牡丹花纹饰

梅花纹饰

荷花纹饰

菊花纹饰

白石石雕门簪　寿星纹饰

木雕建筑构件

石雕建筑构件——宗族祠堂大门门匾石　鲤鱼跃龙门图案

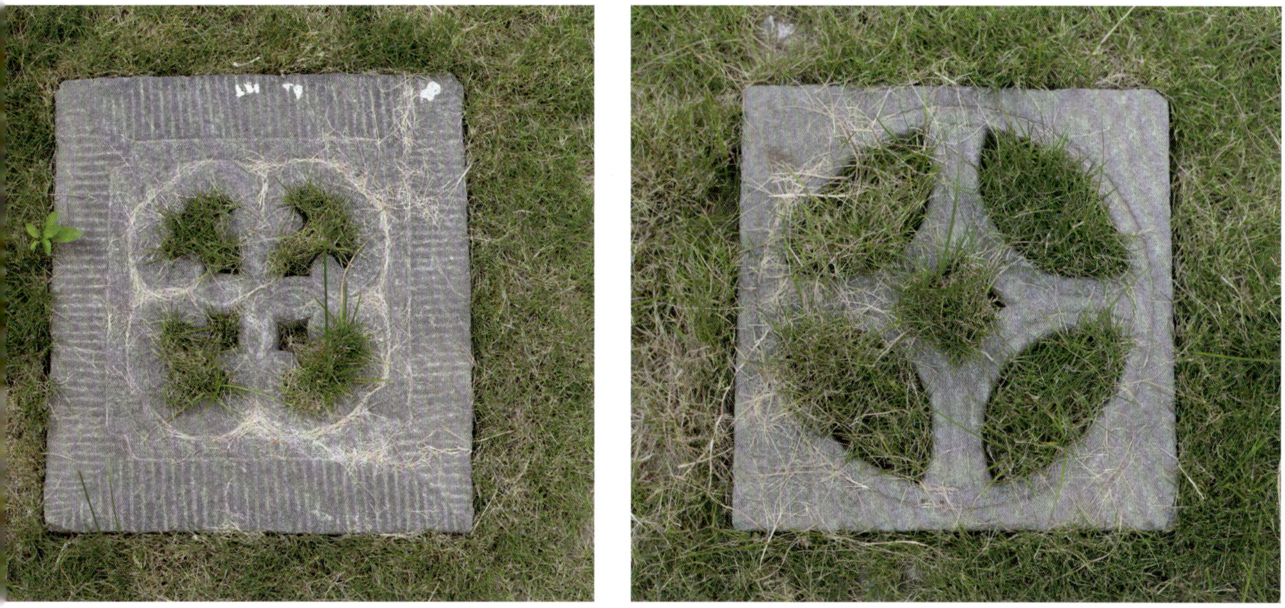

石雕如意纹、钱纹窗格

石雕分三格，中间一格雕刻四柱三门三楼牌坊，牌坊左右简约雕刻两条飞跃的鲤鱼，左右两格对称雕饰一对宝相花。

砂石柱础

石雕庭院水缸——荷花如意纹饰

堂屋，民居中的堂屋是中国传统国家礼仪文化中“明堂”的演化和缩微，具有历史文化的印迹。在村落民居系统中，堂屋是家庭文化的第一现场。作为民俗生活的重要文化空间，它见证了家族伦理、生活秩序、社会结构等一系列重大的社会变迁，成为乡村社会历史的沉潜物，也成为解读农耕社会精神生活的重要对象。

太师椅，中国传统家具中唯一用官职来命名的椅子，曾是权力和地位的象征，如今也走进了寻常百姓家。太师椅最能体现中国古代家具的造型特点，它体形宽大，靠背与扶手连成一片，形成一个三扇、五扇或者是多扇的围屏。椅背与扶手常被雕刻得异常精彩，成为一种充满富贵之气的精美座椅。

太师椅　河蟹、凤鸟纹

牌坊石雕鸱吻展示空间内景

前台展示　红砂石石雕门簪
展墙背景　鄂东名居建筑山墙样式

中国传统民居建筑类型多样，营造手法丰富多彩，彩绘和雕饰运用巧妙。作为农耕文化的代表形式，建筑艺术与自然环境相互协调，极富文化象征意义。而向公众开放的娱乐性场所的建筑更是如此。传统民居中娱乐性建筑主要有乐楼、舞楼、戏台、露台、看台等。

博物馆视频展示观摩空间内景——戏台

条案，又称条几、春台、条台，是中国古代传统家具的一种。一般置于堂屋的上方，用于摆放家庭礼仪性、装饰性之类的物品，是家居陈设中的重要组成部分。家族祠堂、支祠、堂屋内祭祀用。在现代居家空间布局中，由于客厅空间的限制，条几已多用作装饰，尤其是多用在玄关处，而客厅的主要位置则被电视等现代电器所取代。

博物馆建筑展区——条案　家族学堂牌匾“笃学善道”
（大漆金刚砂立字，沥粉云纹做底。）

质素厚朴——生活

农耕生活民俗是对乡土世界里人们关于生活态度与人生观念的综合反映。它包含在人们的饮食起居、人生礼俗、时令节律及其器用之中。随着科技水平的不断发展,社会历史的作用一直在推动农耕生活民俗不停地变化着。展厅里的陈设与布置主要是大别山地区具有代表性的日常生活情境与生活物品。温馨而简淡的起居环境、实用而别致的日用器具，无不体现人们达观开朗和质素厚朴的生活品质，也展示出区域社会中崇文重教的可贵传统。

大别山地区人口的迁移促使这里成为江淮文化、吴楚文化、中原文化的交汇地，也孕育了丰富多彩的传统生活方式。勤俭的人们在生产生活中创造了与生活相适应的用具。石器、陶瓷器、编织器、家具、日用品等，传承流布于乡野村居的千家万户之中，无不闪耀着传统生活民俗的智慧之光。

大别山属于长江中下游农林渔区，受南北过渡气候和山地丘陵等不同地形的影响，植被过渡明显、类型复杂，植物资源丰富；山间谷地宽广开阔，并有河漫滩头和阶地平原，农耕文明传承久远。

靠山吃山，丰饶的自然资源产出与内涵丰富的传统文化交融，造就了多彩的民间生活，进一步衍生出多种多样的民间饮食文化。当地居民以米、面为主食，兼食粮食加工制品。大别山丰饶的自然物产赐给这里的人们专属于大山的美味，形成了独具特色的民俗饮食文化。作为一种非物质文化遗产，大别山地区饮食方面的风俗，不仅是当地人舌尖上的幸福记忆，而且越来越受到其他地区人们的喜爱。

马口窑分布在湖北汉川马口一带，是湖北近代著名的具有地域特色的民间窑口。它始于明代隆庆年间，清朝末年规模宏大，鼎盛时期陶瓷生产的从业人员达三千人。民国时期，马口镇周边的龙窑已达 36 条、作坊 108 家。20 世纪 50 年代，公私合营组建成汉川马口镇陶瓷厂，生产日用陶、工业陶等品种，成为当时湖北陶器制造业规模较大的工厂之一。

马口陶采用当地特有的红黏土制作，常见器型有缸、坛、罐、壶、盆、枕、烘炉等。陶工们技艺娴熟，刀法随性自然，笔法简练大气、虚实相生，刀未到而意到，装饰绘刻传神。“八仙”“九龙”“十八学士”等成为数百年马口陶的经典纹饰。

酒器中的“锁坛”最有特色，器型较大，肩部高且肩下呈直筒型，颈部高且带盖，在颈部外侧对边各穿一孔，孔洞有方有圆，可用铜锁锁住。民俗文化普遍应用在陶器中，往往在涂有白色化妆土的坯面上刻画出传统人物、吉祥图案，还有吉言、俗语、与时俱进的流行语等，有着独特的造型习惯与装饰风格，表达着人们的愿望与喜好。马口窑成为近现代湖北地区民间陶瓷艺术的典范。

博物馆生活展区

马口窑　减地刻花八仙罐

马口窑　减地刻花八仙罐

马口窑　水划花鸟纹罐

蔡家山窑位于麻城市歧亭镇西北 10 公里处，最早在宋代就开始建造，明代就有陶瓷厂。蔡家山窑以“描金刻花陶”的花货闻名。刻陶采取刻画与描金相结合的装饰方法，主要部分以划花剔地的阳纹为主，次要部分以刮花阴纹作陪衬，主次分明，题材有花鸟虫鱼、汉文卷草，地方风格鲜明突出。釉面采用描金釉，用铅和不同的陶土配制而成，有红釉、黄釉、黑釉三种。描金釉的胎坯黏附力极强，烧制后的抗蚀性好，永不脱落。陶质古朴醇厚，釉面柔和丰润，晶莹剔透，光亮耀眼。成品造型美观，式样清新，图案精巧，画工精细，别具一格，曾被誉为“湖北真陶”，还在世界多个国家展销，曾在湖北民间制陶业中影响很大。

博物馆生活展区

文字内容：国正天星顺，官清民自安，妻贤夫祸少，子孝父心宽。

蔡家山窑　刻花文字、花鸟纹罐

蔡家山窑　减地刻花鱼纹油罐

蔡家山窑　刻花文字罐

蔡家山窑　减地刻花花鸟纹对罐

蔡家山窑　水划花植物纹罐

蔡家山窑　刻花文字罐

蔡家山窑　刻花花鸟纹罐

蔡家山窑　刻花花鸟纹罐

蔡家山窑　刻花花鸟纹罐

蔡家山窑　刻花花鸟纹罐

蔡家山窑　刻花花鸟纹罐

蔡家山窑　刻花花鸟纹罐

蔡家山窑　花鸟纹酒壶

蔡家山窑　花鸟纹酒壶

蔡家山窑　刻花花鸟纹提梁茶壶

蔡家山窑 黄釉烛台

蔡家山窑　双狮烛台

蔡家山窑　黄釉帽筒

博物馆生活展区

蕲春管窑位于县西南部的管窑镇，分布在赤西湖的周围。管窑镇的工艺陶瓷生产可以追溯到 600 多年前的明太祖朱元璋洪武二年（1369）。管窑陶土取自赤西湖底沉淀的黏土，黏土分黄、白两种，湖底表层的黏土称为黄胶泥，质地坚硬，只能做缸、瓮、盆、壶等造型简单的生活用陶器；湖底沉积的深层黏土称为白胶泥，质地软糯，可塑性强，能够制作复杂精致的陶器。明代，管窑手工制陶技艺中重要的成型工序初步建立，内部分工逐步细化，普遍采用练泥、挖坯、盘筑、印坯、画坯、施釉、烧窑等技艺制作陶坯。它还吸纳了剪纸贴花装饰技法和纹饰，以花鸟鱼虫为刻画题材，“喜鹊闹梅”“鲤鱼穿莲”“鸳鸯戏莲”等最具代表性，采用刻画、剔花工艺，形成自己的风格。晚清至民国时期，陶器又吸纳了中国画的写意技法，器型美观，纹饰丰富，图案生动，形式巧妙。20 世纪 80 年代，研制出稀土系列彩釉，提升窑温到 1200 度，成品胎质细腻，釉色鲜艳光亮，产品远销日本、美国和欧洲各国。2007 年，管窑手工制陶技艺被列入湖北省非物质文化遗产名录。

管窑 提梁黄釉素酒壶

管窑　水划花花鸟纹罐

管窑　减地刻花花鸟纹罐

管窑　黑釉陶瓿

管窑　绿釉素面陶缸

管窑　绿釉福字、寿星纹筷子笼

管窑　绿釉素面防风灯

管窑　绿釉素面灯台

管窑　水划花绿釉罐

管窑　减地刻花花鸟纹盐罐

管窑　堆塑龙纹陶缸

管窑 刻花罐

管窑　对狮摆件

管窑　对狮摆件

青花瓷　四耳植物纹储油罐

青花瓷　如意纹储物罐

洗脸架　双凤朝阳　麒麟送子纹　洗脸架　双凤朝阳　如意纹

雕花灯罩　蝙蝠、麒麟纹

洗脸架　图案纹饰为：二龙戏珠、凤穿牡丹、一鹭莲升、蝴蝶、兽纹

洗脸架局部

红漆座柜　内置马桶

红漆座柜（局部）

梳妆台　凤凰、白鹤、寿字纹

躺椅

儿童座椅

圈椅

圈椅

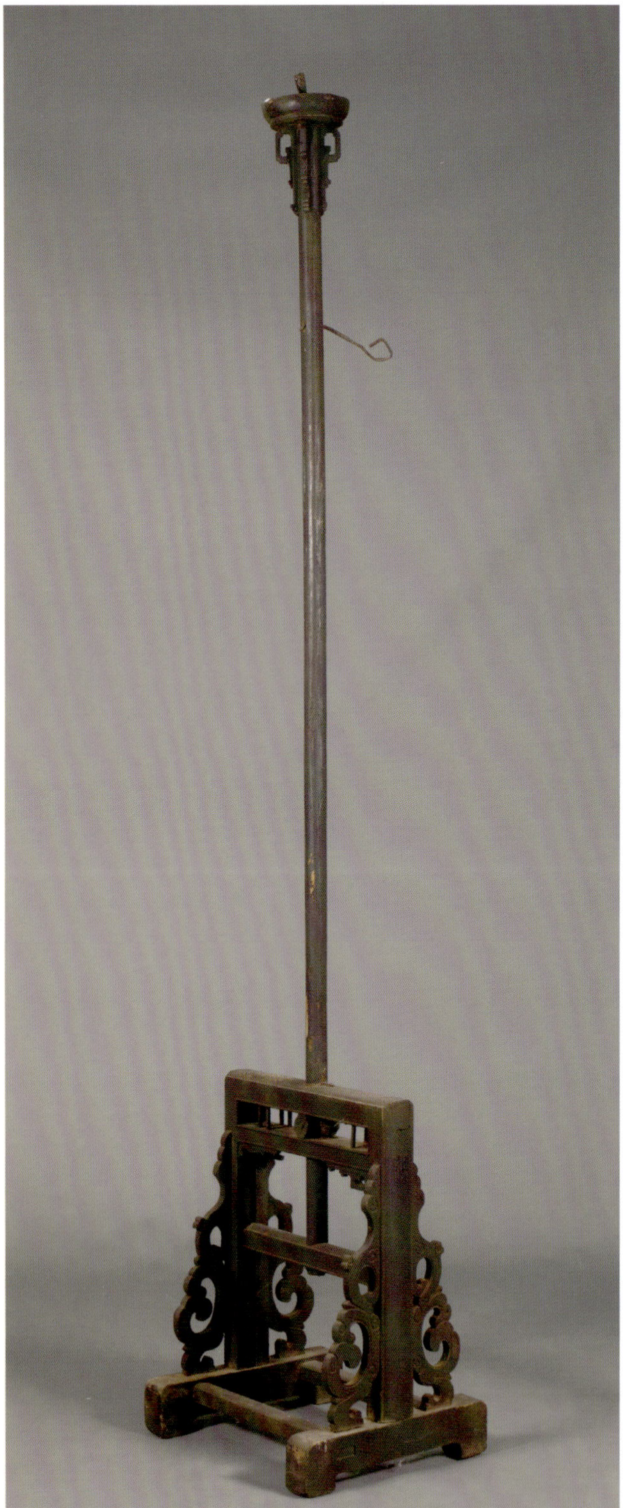

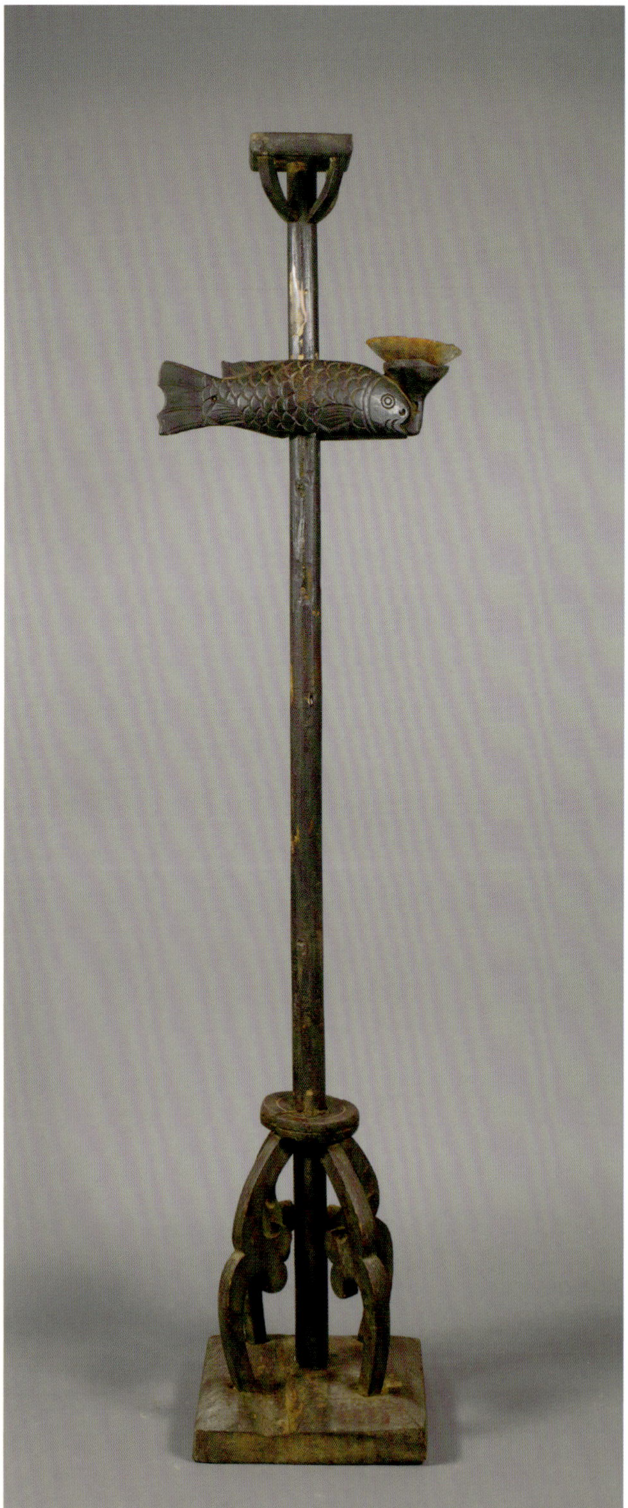

落地灯架

灯具

油灯架

舀水桶

木桶

保温木桶

保温木桶

木桶

木桶

朱漆木桶

腰形金银细软收纳盒　牛皮胎髹漆工艺

朱漆大木盘

竹编提箱

竹编食篮

竹编食盒

竹编食盒

髹漆食盒

竹编朱漆提篮

酒葫芦

竹篮

篾制官帽筒

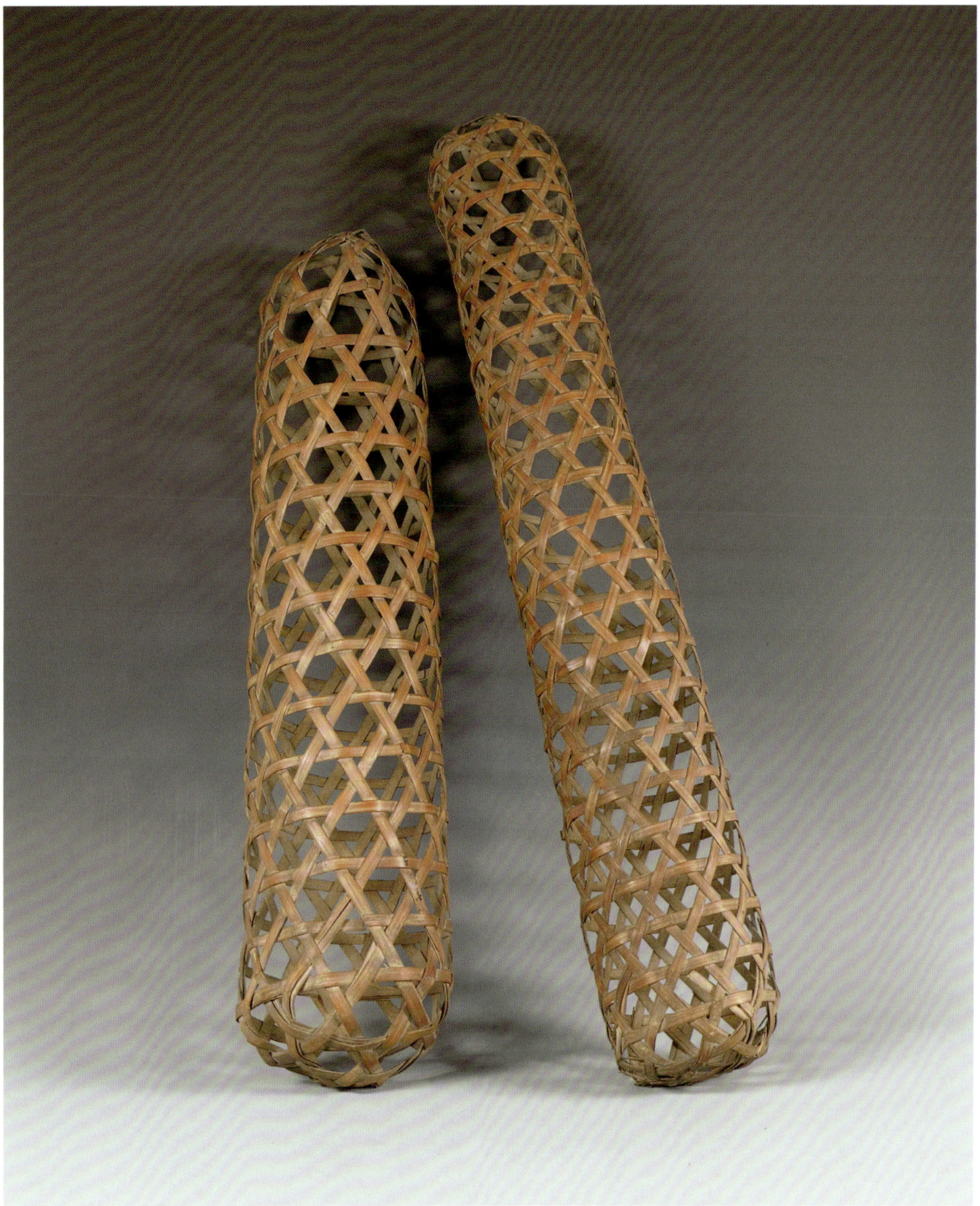

竹夫人 夏季睡觉纳凉竹篾寝具

《红楼梦》中，薛宝钗作了一个灯谜："有眼无珠腹内空，荷花出水喜相逢。梧桐叶落分离别，恩爱夫妻不到冬。"谜底就是"竹夫人"。

铜油灯座

保温铜水壶

黄铜水壶

紫铜烘炉

秤

斛　量器

生肖秤砣

织布机

染房压布石

博物馆生活展区

博物馆生活展区

博物馆生活展区

博物馆生活展区

博物馆生活展区

博物馆婚俗展区

博物馆婚俗展区

博物馆婚俗展区

床作为人们必不可少的坐卧之具有着漫长的历史。中国传统民俗生活中的床具形制是在宋、元、明、清各民族文化的不断交融中逐渐形成的，并最终成为中式家具的代表。就其功能与结构而言，大致分为“架子床”“拔步床”“罗汉床”等形式。床体的用材和装饰也成为主人财富与地位的象征。

架子床，有四柱床、六柱床之分。四柱床是指四角有立柱，上有顶架，便于张挂蚊帐，以避蚊蝇。床具两侧与后方装有栏板，床架上檐四周雕刻或绘制吉祥图案。六柱床是在四柱床正面床沿上增加两根立柱，并装饰各色栏板造型，形成“门围子”。传统架子床的床屉很深，一般分两层。下层铺设稻草、棉絮、棕席等吸潮保暖物品，上层炎热季节铺设竹簟、芦席，寒冷季节铺设棉麻垫单等。

拔步床，又叫八步床，是中国传统家具中体型最大的一种床。拔步床的结构是在架子床前增加一个可以起坐的空间，外形上有如床前的一个休闲性回廊一样。回廊中设置脚踏，两侧安放桌、凳等小型寝具。跨步回廊，如入室内。这种空间结构的私密性特点满足了传统农耕社会中对礼仪文化观念的需要。

博物馆婚俗展区

冠戴呈祥——服饰

服饰民俗是指人们在日常生活中有关衣裤、鞋帽、装饰、穿戴等方面的习俗与惯制，它是生活文化的重要组成部分。影响服饰民俗的因素是多方面的，如经济条件、历史传统、地理环境、宗教信仰等。服饰的形制十分丰富，可分为头饰、衣裳、足衣与首饰四大类，其构成要素可分为质、形、饰、色、画等五类。

一定区域里的服饰民俗，反映着那里人们的物质生活水平和社会风尚，也反映出他们的生活方式与伦理观念。自古大别山就是桑、麻、棉的重要产区，南北交汇的移民文化与本土文化的交流，共同创造出多彩的服饰文化。在纺造技术、染织工艺、装饰手法与穿戴规制等方面深刻地揭示了本地鲜明的文化生活特点。

英山缠花

缠花是一种以丝线、纸板、金属丝为基本材料的传统造花工艺，有春仔花、线花、绣线花、吉花等不同名称。主要流行于湖北、福建、台湾等地。湖北英山缠花自成一派，2011 年，英山缠花被列入湖北省非物质文化遗产保护名录。

英山缠花先以纸板和铜丝扎成人造坯架或实物坯架，再用多彩丝线缠绕出鸟、兽、虫、鱼、花、草、果，甚至汉字的图案，最后装饰成型。它应用于出生、结婚、寿辰、丧事等人生各阶段的民俗活动，

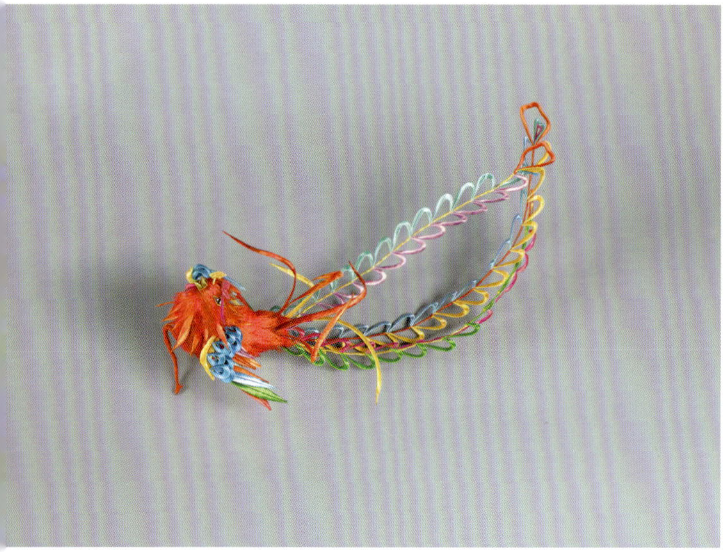

往往寓意深刻，如吉庆有余（鱼）、福禄双全（葫芦）、早生贵子（枣）、十全十美（铜钱、花朵）、读书晋学（笔墨）、双喜临门（囍）等，寄托了人们对美好生活的向往。

英山缠花汲取绘画、剪纸、刺绣、编织、雕塑等多种艺术形式的精髓，是充满乡土气息的民间工艺之花，具有小、巧、精、活的特点。英山缠花是湖北省非物质文化遗产项目，曾在意大利、捷克、波兰、匈牙利等多个国家展出，获得很高的声誉。

英山缠花

英山缠花头饰

英山缠花头饰

博物馆织布机展示情境

大布，又名土布、棉布、家机布，是大别山地区民间世代使用的一种传统手工织品。手织土布的工艺极为复杂，从采棉纺线到上机织布，要经过大大小小几十道工序，包括搓花结、纺线、打线、染线、浆线、络线、经线、印布、掏缯、闯杼、绑机、织布等。

挑花门帘

黄梅挑花是广泛流传于湖北黄梅县的一种传统民间刺绣工艺。2006 年 5 月，被列入第一批国家级非物质文化遗产名录。这种刺绣工艺一般以青色棉布作底，用五彩丝线在底布经纬线上挑制出色彩绚丽、题材丰富的图案。黄梅挑花与当地传统服饰习俗密切相关，包括团花、边花、填花、角花和花边等多种形式。因此它的品种繁多，内容丰富，图案精美，具有浓郁的鄂东地域色彩。

依据服饰的功能类型和绣饰的部位的不同，黄梅挑花的题材内容也不同。一般而言，团花绣在被单、门帘、方巾、头巾、衣裤等日用服饰的突出部位。常见的题材有：四季骨牌花、龙凤呈祥、福寿双全、鲤鱼穿莲、凤戏牡丹、五彩宫灯等；边花一般绣饰在主体图案、衣物边缘作为装饰。题材一般包括：穆桂英挂帅、八仙过海、桃园三结义、状元游街、二龙戏珠、双狮爬球、七仙女、天女散花、辕门斩子等内容；填花和角花形式最为灵活，一般适用于衣物周边的点缀与装饰。题材丰富而吉祥，一般有：动物纹、文字、几何纹、云纹等形式。

黄梅挑花

童帽绣品

博物馆绣花鞋展示情境

绣花鞋

绣花鞋

绣花鞋

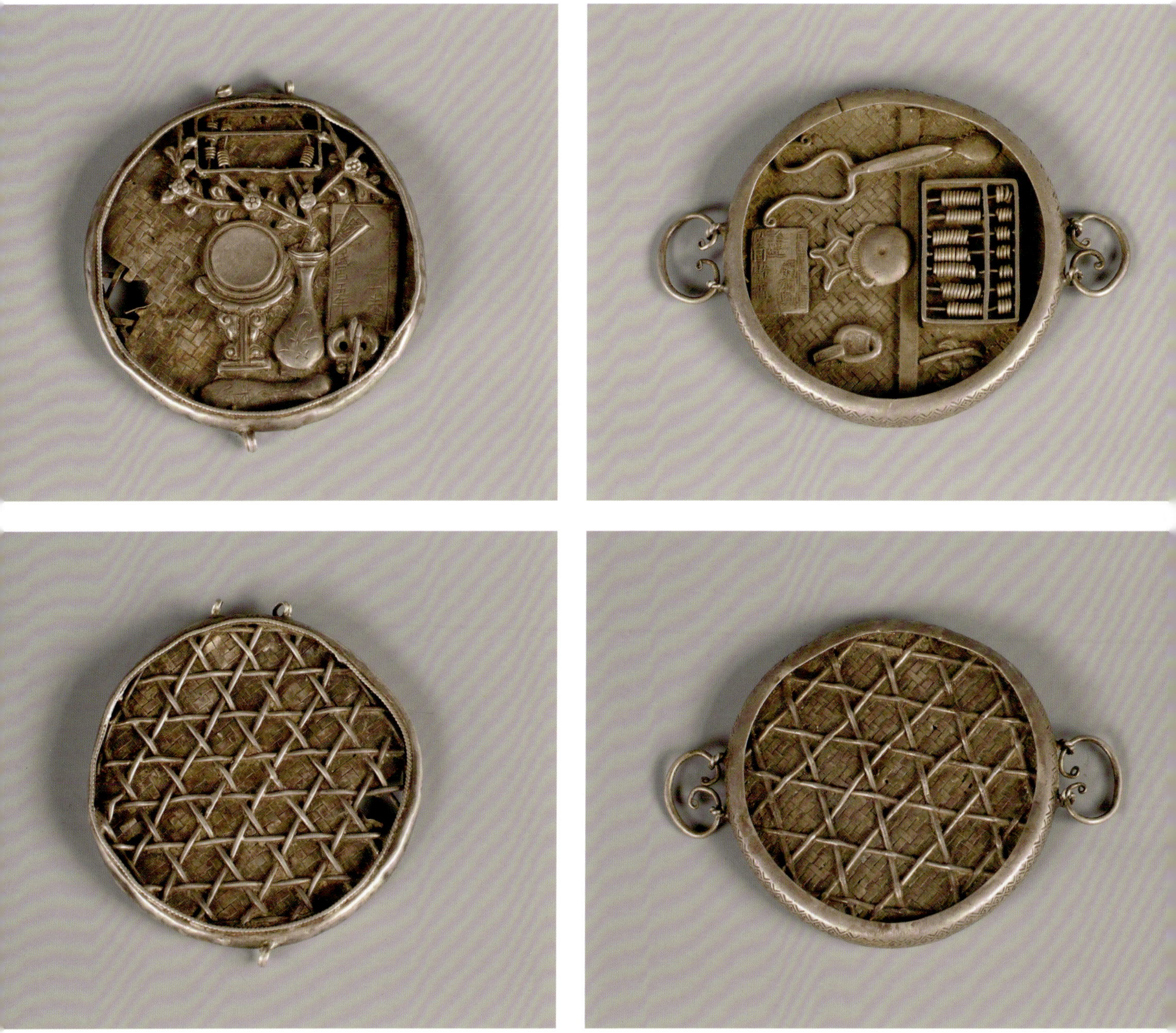

银饰（正、反）

银发簪

银帽饰　寿星、八仙纹饰

银质长命锁——彭寿郭福（正、反）

银质长命锁——长命富贵（正、反）

渔樵耕读——生产

一方水土养一方人。大别山地区是典型的农耕生产区域，农业、林业、牧业、渔业以及多种行业的手工业生产创造了丰富多彩的劳动用具。通过这些工具的使用与不断改进，人们不仅逐步丰富了社会经济的生产形态，而且进一步提升了人与自然之间的和谐关系。

世代生活在大别山区的人们，在与岁月和自然的酬唱中积极向善，并逐渐养成了耕读传家的社会风尚，为区域社会史的书写留下了浓墨重彩的篇章。

在传统小农生产模式下，山区耕地多按照山势等高线来划分耕作单元。一般

将那些与乡村主干道相连的大片平坦稻作农田称为畈，山间不规则的狭长耕地称为冲，山区坡地类似于梯田的称为塝。大别山地区自然环境复杂多样，山多地少，耕地面积有限，因而以畈、冲、湾（垸）等命名的村落较为常见。

敬祈风调雨顺、五谷丰登是农耕社会最基本的愿望。春耕、夏耘、秋收、冬藏。大别山区属于传统农耕区，千百年来形成了具有地域特色的农事习俗。大别山地区人口的迁移与流动，传入了多种多样的传统手工农具，从而推动了地区内农业的繁荣发展。

博物馆生产展区

渔樵
耕读
生产
一方水土一方人。大别山区是典型的农耕生产区域，农业、林业、牧业、渔业以及多种行业的手工业生产创造了丰富多彩的劳动用具。通过这些工具的使用与不断改进，人们不仅逐步丰富了社会经济的生产形态，还进一步提升了人与自然之间的和谐关系。
世代生活在大别山区的人们，凭籍这里富饶的自然资源，过着优游自如的田园生活。在与岁月和自然的酬唱中积极向善，并逐渐养成了耕读传家的社会风尚，为区域社会史的留下浓墨重彩的篇章。

博物馆生产展区

博物馆生产展区

铁制农具：铁铲、小铲、铁锹、锄头、镰刀、锯链、鸭铲、扬叉等。种植收获农具：犁、耙、耖、秧马、刮刀、稻篮、木叉、木锨、扬锨、风簸、麻袋、稻圈、水车等。

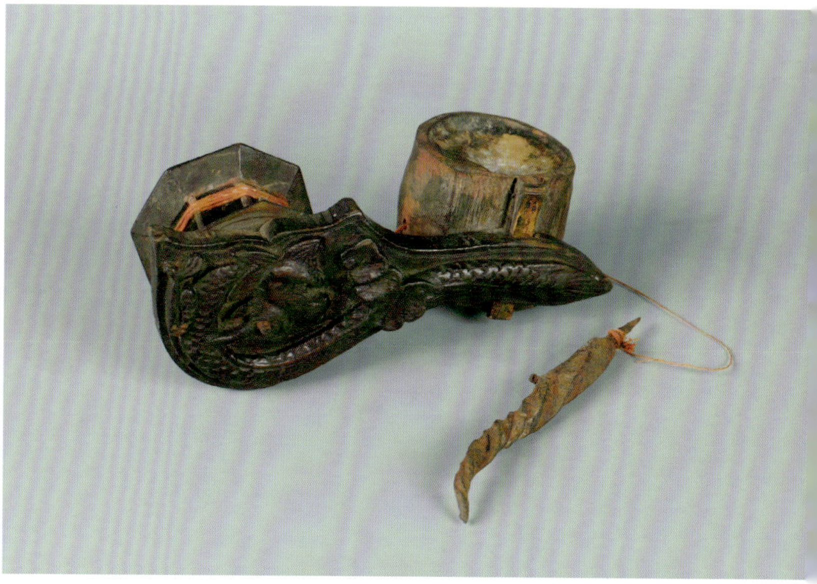

木工刨子

墨斗

糕点模具

糕点模具

糕点模具

糕点模具

滑轮

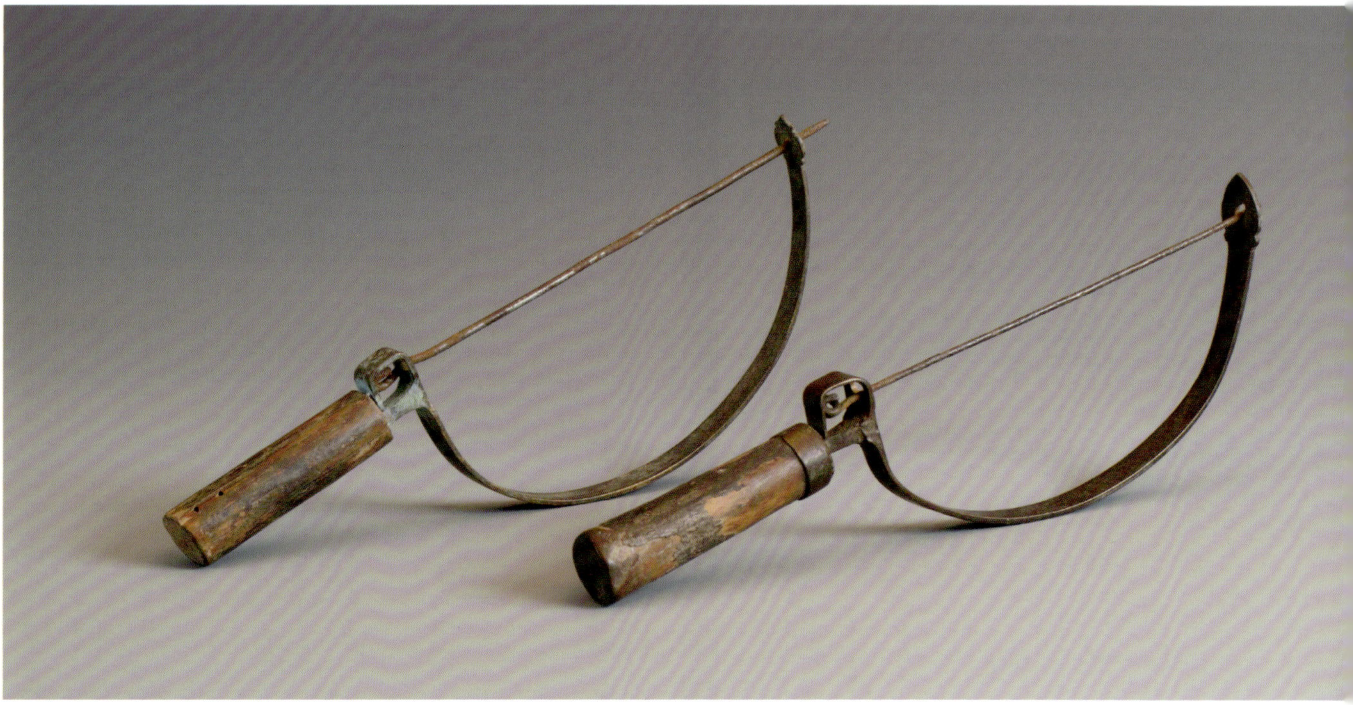

编草绳器

编绳器

捕鸟笼

木齿滚耙　平整稻田用农具

铁齿耙　平整田地用农具

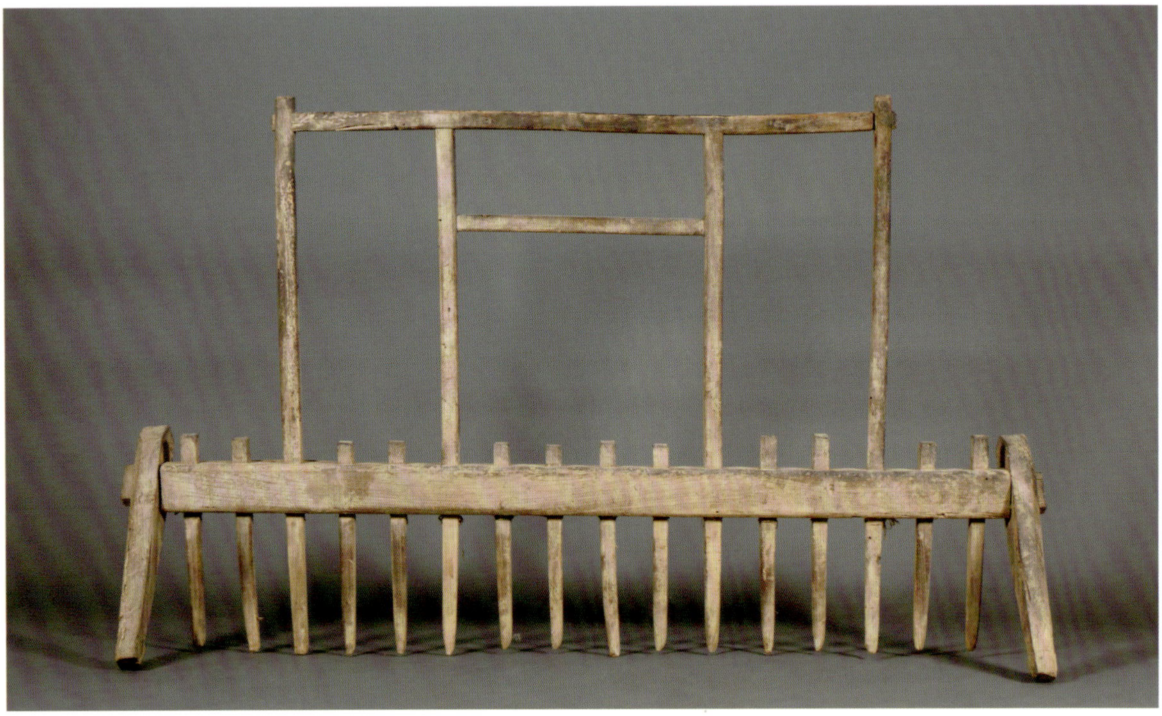

木齿耖　平整田地用农具

篦齿虫篦子　禾苗除虫农具

台锯　大木加工用具

篾匾　晒具

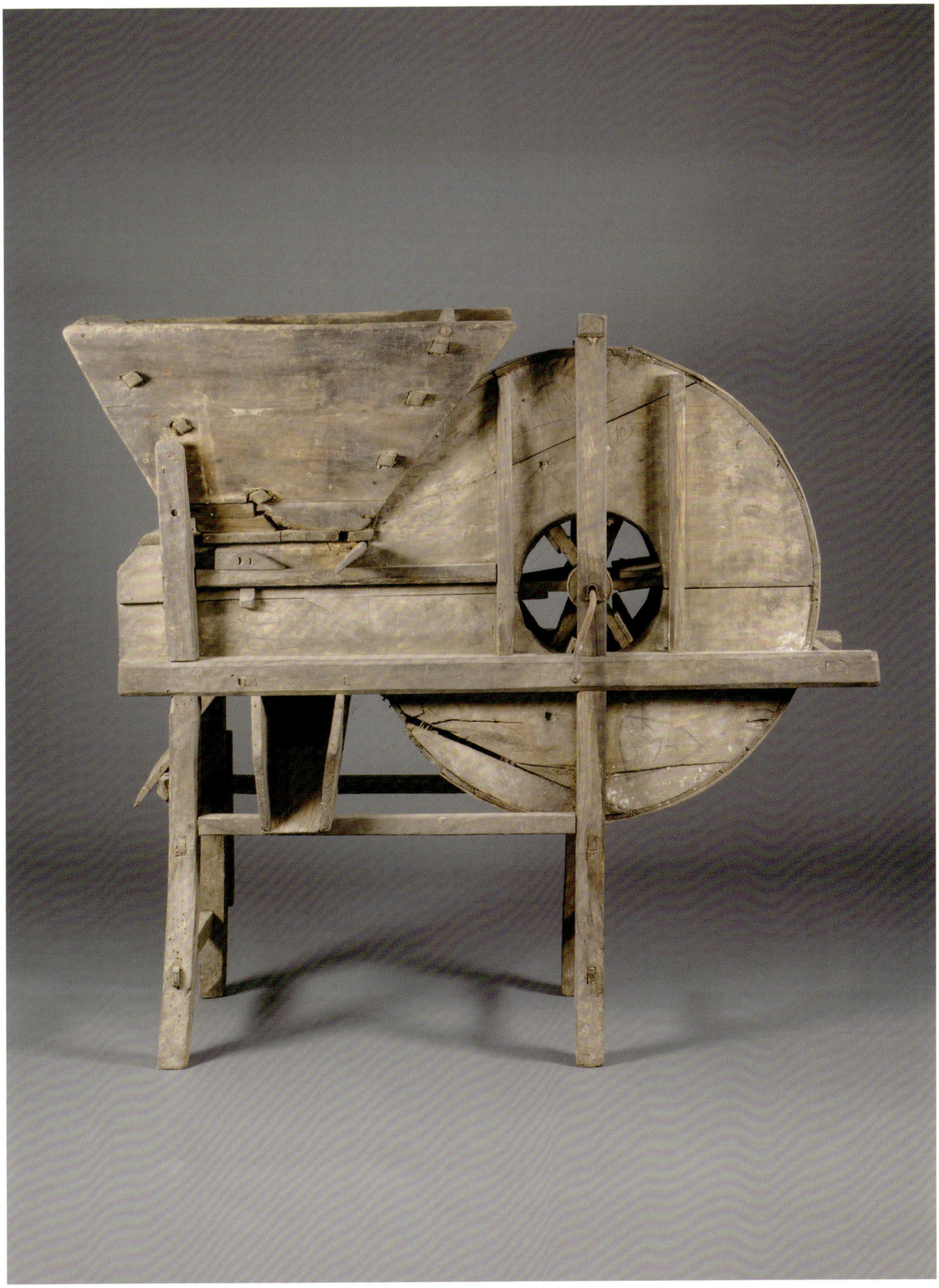

风车 谷物分拣加工用具

砻

磨

抓鱼笼

鱼篓

挖藕铲

秧马 泥田扯秧苗劳作时的坐具

石药碾

铁药碾

水车（部分损毁） 农田灌溉用大型农具

相濡以趣——游艺

传统游艺民俗是人们在辛勤劳作之余为了娱乐自己和陶冶身心的文化活动。在日常生活习俗中，对于生活态度积极稳健的人们来说，人生礼俗与时令节日仪式上的表演，闲暇休憩中的杂耍，无不带给他们心理上无限的满足感与文化上的自足感。

自由地享受民俗活动所带来的欢愉，是人们对普通生活作为审美观照的自足关怀，是他们的精神生活的一部分。在大别山农耕生活环境中，传统非剧场化、非职业化的游艺娱乐活动占有重要的地位，尤其以舞龙、舞狮、地方戏曲、杂耍为最。这是本地区多姿多彩的农业生活的写照。

游艺杂戏是传统民间社会主要娱乐形式，凡是民间传统的非剧场化、非职业化娱乐活动都是游艺民俗。

民间戏曲是传统农耕社会重要的娱乐形式，在漫长的发展过程中不断丰富，逐渐形成了地域特色浓郁的文化风格。在鄂东大别山地区的民俗戏曲中，代表性的民间戏曲有黄梅戏、楚剧、大鼓、东腔戏、花挑、畈腔、黄州点子、文曲戏等。

游艺杂戏在民俗文化中占有重要的地位，是传统民间社会主要娱乐形式，凡是民间传统的非剧场化、非职业化娱乐活动都是游艺民俗。
/01/
舞龙，是一种以龙形道具为主体、多人共同表演的大型民间体育游艺形式。它不仅是民俗节日表演中不可缺少的娱乐节目，而且还是老百姓整合乡村社会，取得社会群体认同的重要手段。
/03/
民间戏曲是传统农耕社会重要的娱乐形式，在漫长发展的过程中不断丰富，逐渐形成了地域特色浓郁的文化风格。在鄂东大别山地区的民俗戏曲中，代表性的民间戏曲有黄梅戏、楚剧、大鼓、东腔戏、花挑、畈腔、黄州点子、文曲戏等。
黄梅戏
黄梅戏与京剧、越剧、评剧、豫剧并称“中国五大戏曲剧种”，是第一批国家级非物质文化遗产，它源于湖北黄梅的采茶调。曾名黄梅采茶戏、黄梅腔、花鼓戏、黄梅调等。
据史料记载，早在唐代，黄梅采茶歌就很盛行，经宋代民歌、元代杂剧的影响，到元末明初，形成黄梅戏戏曲雏形。在形成期，黄梅戏就一直以不同的形式、不间断地随着遭遇水灾、逃荒流落的灾民向周边传播。到清中后期，经安徽流传到浙江，经江西流传到湖南、福建、广东、广西等地。在由采茶戏向戏曲发展过程中，经历了独角戏、两小、三小、三打七唱等几个发展阶段。其唱腔淳朴流畅，抒情明快，富于艺术表现力；表演质朴细致，真实活泼。
黄梅戏传统剧目有“三十六大本、七十二小曲”，出现了黄梅戏鼻祖邢绣娘等艺术家。新中国成立后，《天仙配》《女驸马》《牛郎织女》等经典剧目使得黄梅戏誉满全国。新世纪，湖北提出“把黄梅戏请回娘家”的口号，《双下山》《未了情》《和氏璧》等在国内外的成功演出也极大地繁荣了黄梅戏的舞台。这个古老的戏曲品种将会在社会主义新时代焕发出新的活力。
哦呵腔
东路花鼓

游艺展示橱窗

皮影戏是一种具有悠久历史的传统民间戏曲形式。它是由影戏艺人操纵纸制或皮制的平面的侧影形象，通过灯光将影像透映于幕窗上，并配以声腔与音乐来表演剧情的一种傀儡戏。皮影戏的演出形式简便灵活，只需一只戏箱（包括道具、乐器、剧本）和演员即可。演出时，先要搭起一座台子，四周以布幔围起，前台设置条案，案上架起影幕，影幕俗称“影窗户”。在这方天地里，皮影利用灯光将人物、走兽、器物投影到幕布上，不仅巧妙细致，而且惟妙惟肖。皮影戏不仅可以上演各类折子戏，而且还可实现普通戏曲舞台上无法表演的内容，如钻天入地、灵魂出窍、飞沙走石等剧情。

传统皮影艺术包括戏曲音乐表演与皮影道具制作两个艺术构成形式。其中，演出用的形象是民间美术范畴，一般是选用驴皮、牛皮、羊皮经过制皮、画稿、过稿、镂刻、敷彩、发汗熨平、缀结等工序完成。

通天

鼓

钹

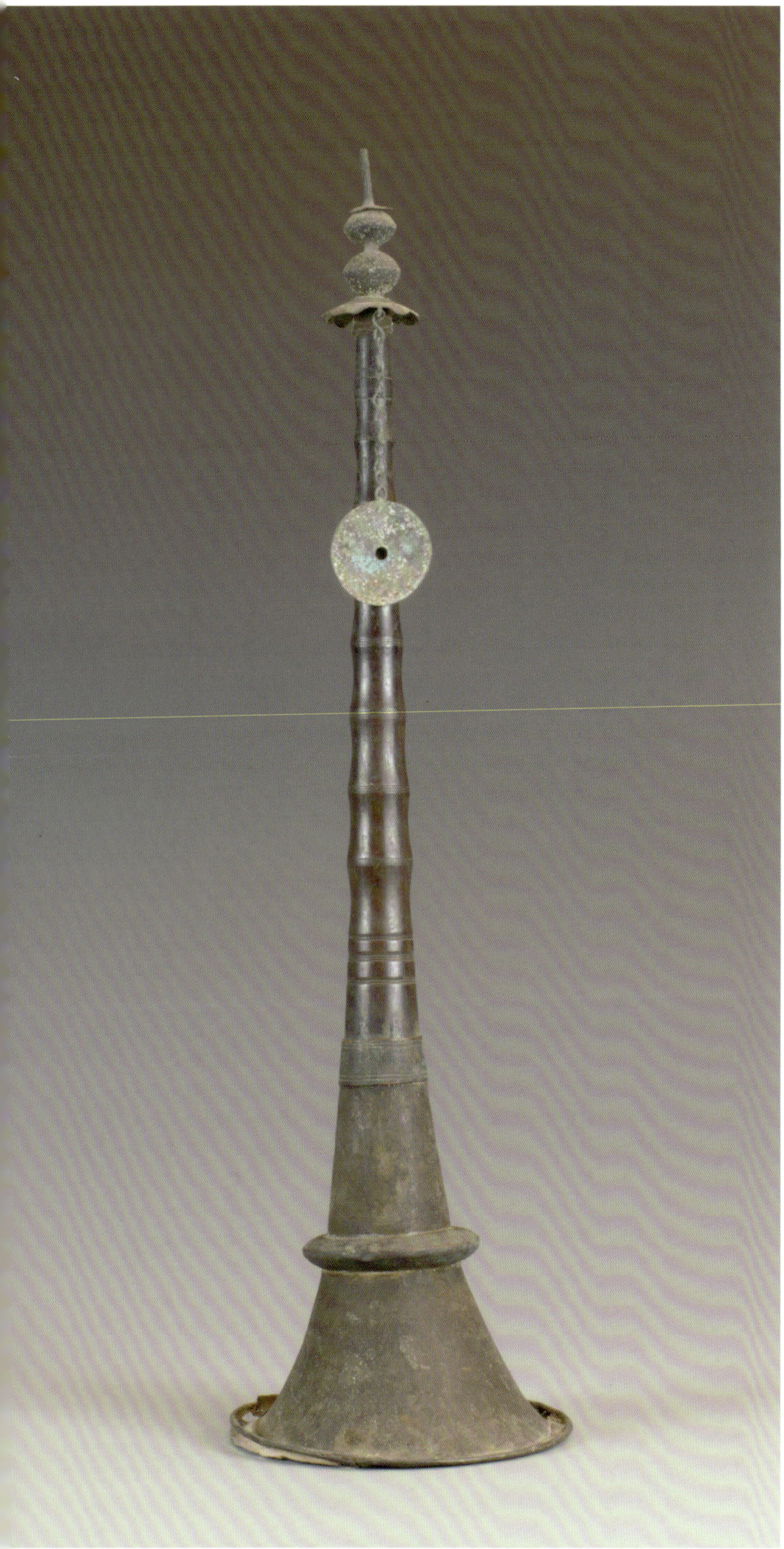

唢呐

渔鼓

舞狮

唐家渡“五龙奉圣”灯会：舞龙是一种以龙形道具为主体、多人共同表演的传统大型民间体育游艺形式。它不仅是民俗节日表演中不可缺少的娱乐节目，而且还是老百姓整合乡村社会，取得社会群体认同的重要手段。

黄冈市黄州唐家渡村每年正月的“五龙奉圣”舞龙灯会是唐氏家族共同的信仰习俗。2009 年，“五龙奉圣”舞龙灯会被列入湖北省非物质文化遗产保护名录。这里的舞龙灯会与别的地方不同的是，灯会由黄龙、白龙、红龙、金红龙、青龙五条龙组成。活动从前一年的腊月开始，一直持续到开年的正月十五，约一个多月的时间。整个舞龙灯会由祭龙仪式、舞龙表演和唱大戏三个部分组成。据当地家谱记载，唐家渡的“五龙奉圣”灯会有两百多年的历史。这些活动让村民在祈福禳灾、庆贺新春之时，尽情地享受着仪式和表演所带来的欢愉。在农事节律与农耕休闲的时间配置中，舞龙活动实现了人神交往与人伦要求的融通，成为当地人岁末年初的重要娱乐休闲方式。

唐家渡龙灯

唐家渡龙灯

唐家渡龙灯——龙头

唐家渡龙灯——龙头

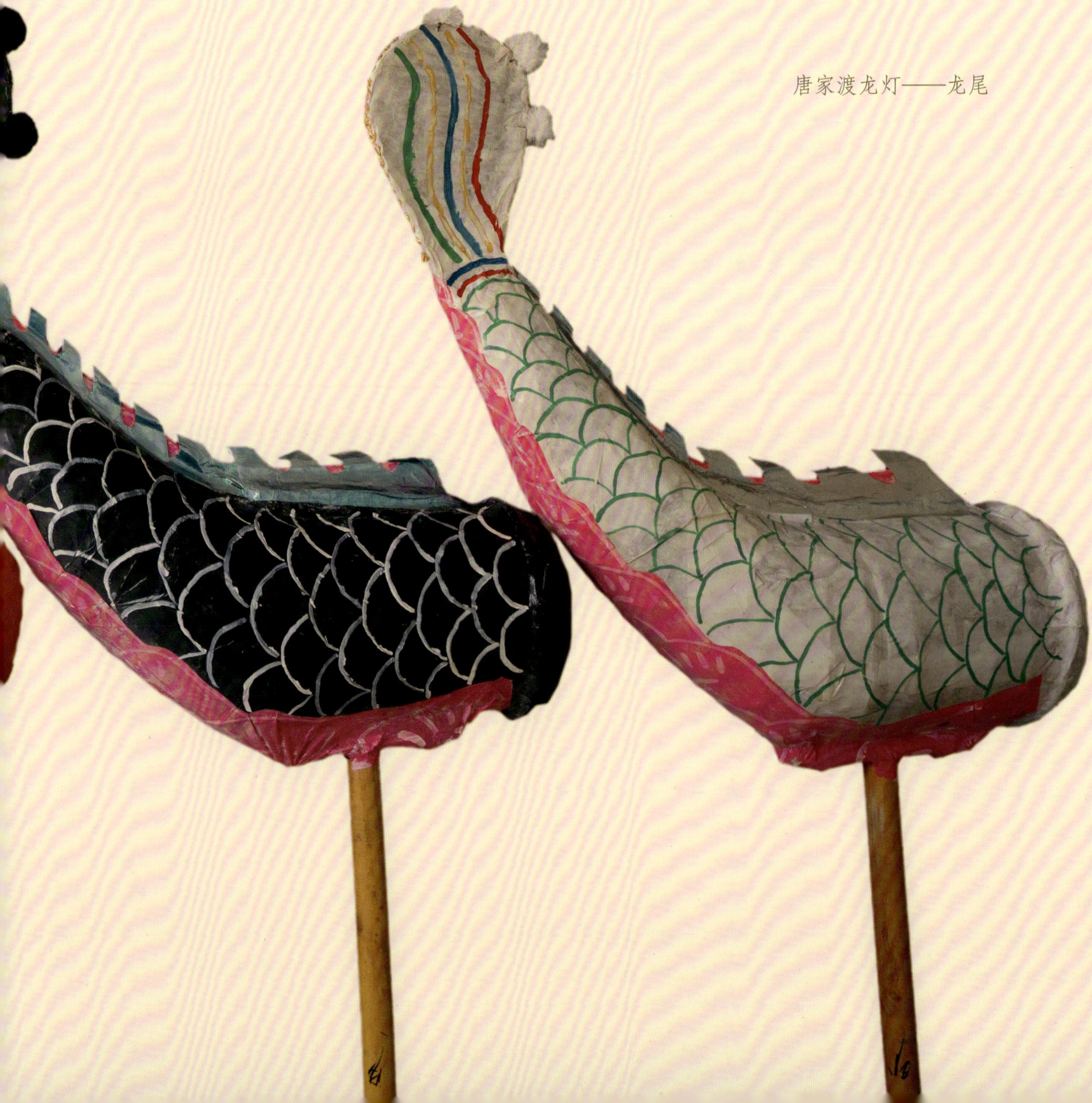

唐家渡龙灯——龙尾

鱼灯

铜鱼

祈敬趋吉——信仰

信仰是生活民俗的核心部分。在一定区域内，特定信仰的世俗化，为该地区的民俗风情打上了明显的印迹。在乡土社会里，举凡民间的各种祭祀活动中的神像、供物、礼仪用具等物品，人生礼俗、节庆仪式等活动中的装饰艺术和道具，都是民间信仰的物质形态，其造型和功能反映着人们的思想观念、价值追求。

大别山地区民俗信仰的物质文化遗存是本地人们生活态度的重要象征。把祖先鬼魂当作家族的保护神谦恭奉祀，希望得到他们的福佑，这是祖先崇拜的体现，也是人类特有的文化现象。

在大别山地区，根据祭祖的方式和场地可分为家祭、墓祭、祠祭、姓氏大祭等形式。对祖先的崇拜集中地反映在祭祖活动上。大别山地区的百姓多把堂屋作为家祭场所，每逢时令节日、婚丧嫁娶，堂上一般奉祀祖先牌位，陈列食物、香烛等供品。

在时令节俗中，上元、清明、中元、冬至、除夕的祭祖活动最为隆重。特别是除夕前后，普通人家会组织全家成员参加拜山祭祖活动。对圣贤英豪和节烈女性的崇敬，反映了传统农耕社会对道德标准的追求。人们在把德行、人格、功业等方面突出的圣人、英杰神化的过程中，为自己和后人树立了为民为国立功、立德、立言的价值理想。

大别山风光绮丽、奇峰俊秀，许多山岭之间道家香火旺盛。如被道教称为第十四洞天、第五十七福地的天柱山。从南北朝起，道家先后在天柱山建过五岳祠、灵仙观（真源宫）、天祚宫等著名道观。道教对传统农耕社会的民俗生活有着深远的影响。从为生者求神问吉，测算生辰八字，从求子到婚庆，建造中动土与上梁，再到为死者超度亡魂等等，都要聘请道士做法事，所有参与者都虔诚投入，场面庄重。

大别山在古代东亚佛教传播历史中有着重要地位，至今，这里仍然保存着许多重要的佛教道场，香火鼎盛。如佛教四大道场之一九华山，禅宗天下祖庭五祖寺等。当印度禅宗的衣钵传到四祖道信与五祖弘忍时，一改过去那种四方游化、托钵乞食的做法，在黄梅设立道场，住寺弘法，实行农禅并重、坐作双修。从此缁门俊秀，归者如云。

红安县八里湾镇陡山吴氏祠堂　门楼及山墙

陡山吴氏祠位于红安县八里湾镇陡山村，始建于清乾隆二十八年（1763），光绪二十八年（1902）新修。祠坐南朝北，砖、石、木结构，三进院落，建筑面积1128平方米。主体建筑由前幢观乐楼、中幢拜殿、后幢寝殿组成，前、中、后三幢之间，有庭院间隔，廊庑相连。三幢屋顶上均建有龙头鱼尾式飞檐，檐口挂碗口大铜铃，其他建筑构件或彩绘、陶塑、木刻、石雕，其题材广泛、工艺精湛，系当地民间艺术流派“黄孝帮”的得意之作，有“湖北民间工艺宝库”的美誉。吴氏祠建筑规模宏大，结构精巧，装饰极富地方特色，制作精良，妙夺天工，是湖北乡土建筑中的宝贵遗产。2006年，国务院公布为第六批全国重点文物保护单位。（资料来源：湖北省人民政府网）

红安县八里湾镇陡山吴氏祠堂　门楼及山墙

团风县百丈岩村石牌坊

百丈岩石牌坊坐落在传统村落百丈岩古村中湾对面的山坡上，东距团风县城 50 公里。牌坊始建于清光绪年间，为石质仿木结构，四柱三门三楼歇山式。上层额首刻有“春秋万古”四字，阑额处刻有“建坊修祠序”。梁柱正面均刻有“双龙戏珠”“麒麟绣球”及凤、鸟、鹿、花草等图案。如今，石坊牌保存完好，气势弘大，古朴精致。

博物馆信仰展区

木雕神像

木雕神像

木雕神像

木雕神像

木雕神像

木雕神像

佛像

佛像

太阳神

武财神

神像是传统道教在水陆法会仪式中所用的法器。在民间版画、水陆画中，与之对应的还有“天地全神图”“天地三界图”“天地三界十方真宰图”等，一般神像主次分明，数量众多，阵容强大，显示出无边的法力。各类神像数量不一，有“大全神”“小全神”之分。博物馆藏品为金粉木雕一套，共包含 80 位各方神人形象。

金粉木雕神像

金粉木雕神像

金粉木雕神像

金粉木雕神像

金粉木雕神像

金粉木雕神像

金粉木雕神像

金粉木雕神像

金粉木雕神像

金粉木雕神像

金粉木雕神像

金粉木雕神像

金粉木雕神像

仪式用香架

镇木

祖先神位牌

法事响器

木雕筒

木雕供盒

木雕摆件

家谱箱

符雕版

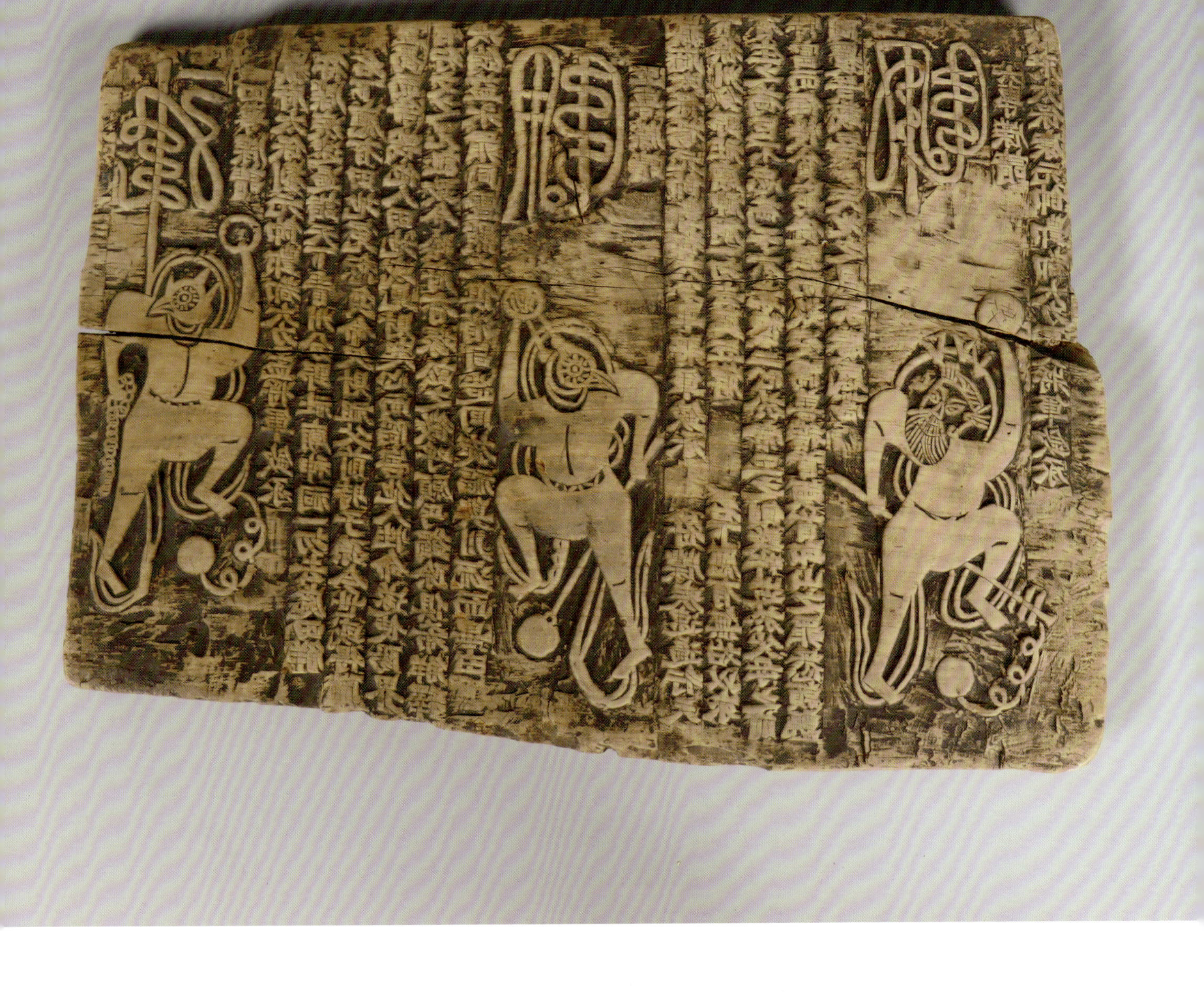

经文雕版

木雕版

木雕人物

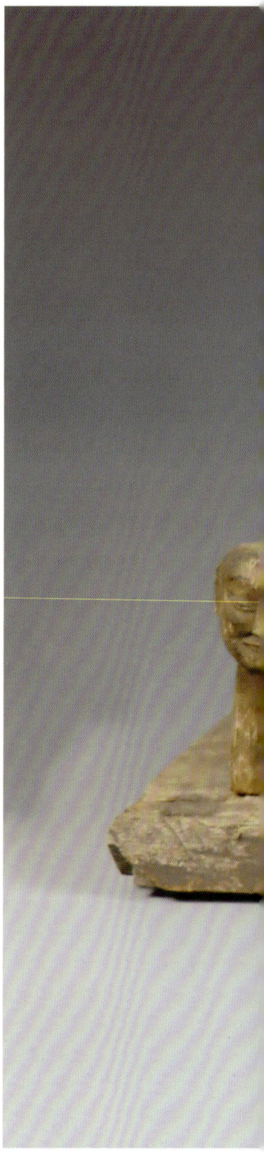

木人偶

木雕神像模具

木雕神像模具（局部）

木雕神像模具（侧面）

神位架

神位架

祖先神龛额匾

神位架

祖先神龛额匾

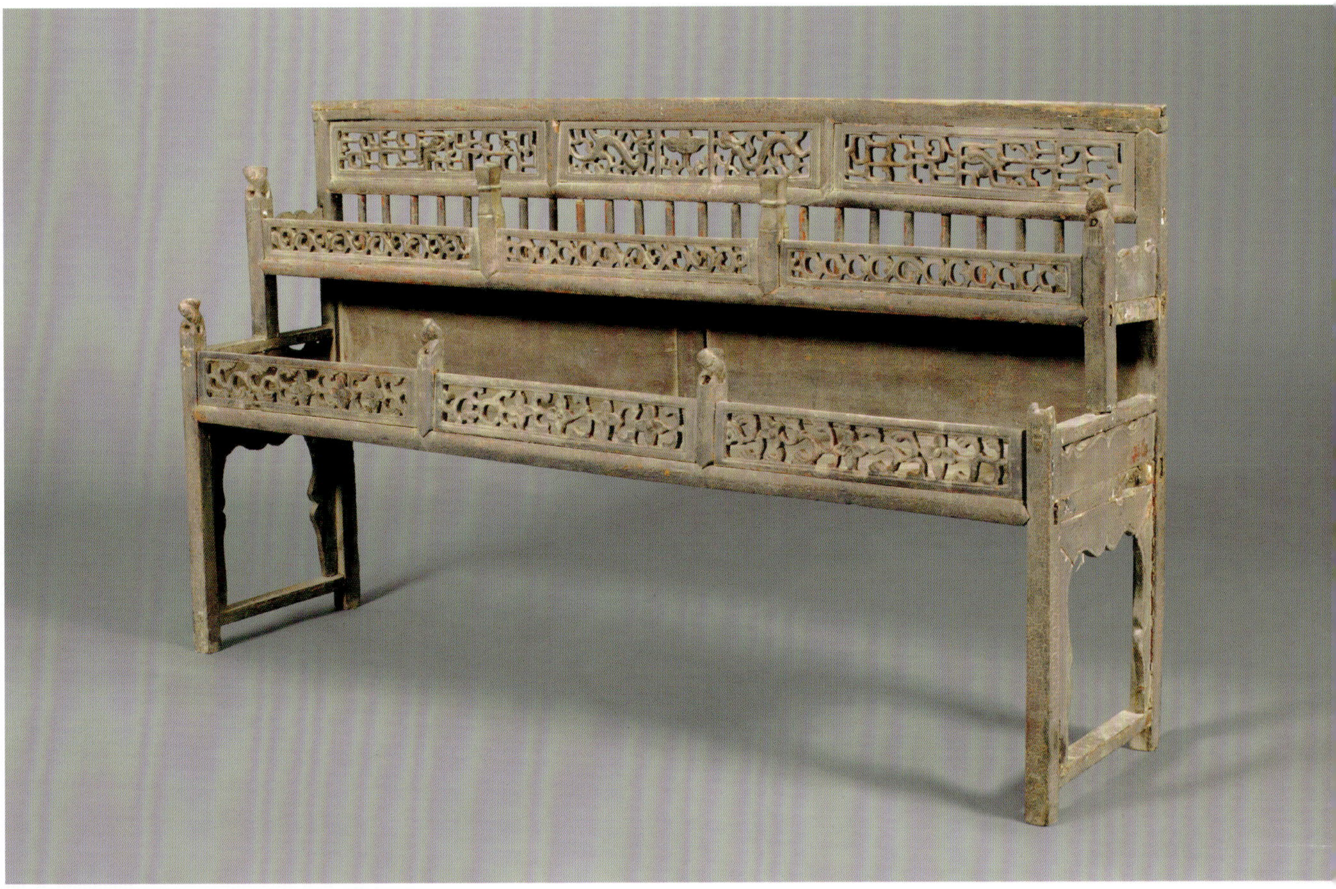

神位架

结语：整合的学科平台

——大别山农耕文化博物馆的建设

托物寄情，以文化人。

大别山农耕文化博物馆的建设，是为悠久而灿烂的农耕文明留下一个记忆的锚点，是向世代智慧善良的耕耘者致敬的一种努力！在激励后人继承他们勇于创新、和谐包容的生活态度与敬业精神之时，也为弘扬民族文化、赓续传统美德、推动社会进步所搭建的一个人文教育基地。

独具色彩的生产生活方式，精心营构的山地民居，凝聚着高超技艺的民间艺术，包蕴了虔敬宽容的人生信念……

大别山农耕文化博物馆通过物质形式和文化情境，呈现了大别山地区独特的地域文化，让我们在物与景的流连之中品味区域社会独具魅力的风土人情。

传统农耕社会正在大规模地向工业化、都市化社会迈进，时代的进程正从深层次上触动传统农耕文化系统，并在一步步超越它。随着生活方式的改变，农耕文化的物质遗存在逐渐消失，也带走了人们关于传统生产生活的丰富记忆，并让我们失去文化传承与创新中的那份宝贵资源。

造物艺术是人类文明的重要组成部分，也是人类精神活动的重要方式。当我们欣赏这些匠心独运的造型时，不只是叹服于它的精湛技艺，还会追寻展品中所包含的脉脉温情，领略多角度的人文信息和丰富的启示。因此，将积淀深厚的农耕文化融入人文教育之中，传承优秀中华文化，挖掘它们的时代价值，是当代大学育人的题中之义，服务社会的应有之责。

图书在版编目（CIP）数据

农耕寻宝 ： 大别山农耕文化博物馆 / 胡绍宗， 孙军，
陈方著． —— 武汉 ： 湖北美术出版社， 2023.5
ISBN 978-7-5712-1640-5

Ⅰ．①农… Ⅱ．①胡… ②孙… ③陈… Ⅲ．①大别山－农业－传统文化－博物馆 Ⅳ．①G268.9

中国版本图书馆 CIP 数据核字（2022）第 185089 号

农耕寻宝：大别山农耕文化博物馆

NONGGENG XUNBAO DABIE SHAN NONGGENG WENHUA BOWUGUAN

责任编辑：韦　冰
书籍制版：左岸工作室
责任校对：杨晓丹
技术编辑：李国新

出版发行：长江出版传媒　湖北美术出版社
地　　址：武汉市洪山区雄楚大街 268 号出版城 B 座
电　　话：（027）87679547（编辑）　87679525（发行）
邮政编码：430070
印　　制：武汉新鸿业印务有限公司
开　　本：889mm×1194mm　1/16
印　　张：19
版　　次：2023 年 5 月第 1 版
印　　次：2023 年 5 月第 1 次印刷
定　　价：198.00 元